8° O 709

CATALOGUE

DE LA

BIBLIOTHÈQUE MILITAIRE

PRINCIPALE

de la Garnison d'Amiens.

CATALOGUE

DE LA

BIBLIOTHÈQUE MILITAIRE

PRINCIPALE

de la Garnison d'Amiens.

RÈGLEMENT

Article premier. — La bibliothèque fonctionne par les soins et sous la surveillance d'une Commission composée de :

    MM. Bourelly, chef de bataillon, du service d'état-major, *président* ;
    Groth, capitaine au 8e bataillon de chasseurs à pied, *membre* ;
    Desroziers, capitaine au 72e régiment d'infanterie, *membre* ;
    Chardeyron, capitaine du génie, *membre, trésorier.*

Art. 2. — La bibliothèque sera ouverte, tous les jours, de huit heures du matin à huit heures du soir ; les dimanches et fêtes, elle sera fermée à trois heures.

Art. 3. — Les officiers et assimilés de l'armée active, de la réserve et de l'armée territoriale sont seuls admis dans le local de la bibliothèque.

Art. 4. — La police de la bibliothèque appartient de droit au président de la Commission.

Art. 5. — Le sergent gardien de la bibliothèque mettra à la disposition des officiers les ouvrages qui lui seront demandés ; il sera interdit de toucher aux rayons.

Art. 6. — Un catalogue par grandes divisions de nature d'ouvrages sera déposé dans la salle de lecture, afin de diriger les officiers dans leurs recherches. Un certain nombre d'exemplaires de ce catalogue sera mis à la disposition des officiers qui en feront la demande.

Art. 7. — Tout ouvrage nouveau ne pourra sortir, par prêt, qu'un mois après son entrée. Par exception, un numéro de revue peut sortir par prêt, lorsque le numéro suivant a été livré à la lecture dans la salle.

Art. 8. — Les atlas, dictionnaires, encyclopédies, cartes détachées, publications périodiques et journaux, ne devront, sous aucun prétexte, sortir de la bibliothèque ; il ne sera fait d'exception, en ce qui concerne les journaux, qu'en faveur des officiers à l'hôpital. Seuls, les atlas ou cartes qui accompagnent un ouvrage pourront être emportés avec ce dernier. La limite de temps pour le prêt d'un ouvrage est fixée à un mois.

Art. 9. — Il est interdit d'emprunter plus de trois ouvrages à la fois et plus de trois volumes d'un même ouvrage.

Art. 10. — Chaque officier sera pécuniairement responsable des ouvrages qu'il aura reçus à titre de prêt. Sur l'invitation du président, le trésorier de chaque corps versera, dans la caisse de la bibliothèque, le montant de la somme qui lui aura été demandée (prix intégral du volume égaré ou détérioré).

Art. 11. — Aucune opération concernant la bibliothèque ne pourra être faite en dehors de la Commission; celle-ci se rassemblera sur la convocation du président. Les avis de convocation parviendront toujours aux interessés 48 heures avant le jour fixé.

Art. 12. — La Commission vérifiera, tous les trimestres, et approuvera les écritures du trésorier.

Art. 13. — Il sera remis au trésorier un carnet de solde pour toucher les mandats qui lui seront délivrés par l'intendance militaire.

Art. 14. — Un inventaire des volumes existants sera dressé tous les ans. Il commencera le 15 décembre et finira le 31 du même mois.

Art. 15. — La Commission acceptera toujours avec reconnaissance les dons que MM. les officiers voudront bien faire à la bibliothèque.

Art. 16. — La Commission s'inspirera, autant que possible, des désirs des officiers pour le choix et l'achat des livres. La Commission se réserve le droit de décider en dernier ressort. En cas de partage des voix, celle du président sera prépondérante.

Art. 17. — La présence de trois membres de la Commission sera suffisante et nécessaire pour la validité d'une délibération.

Art. 18. — Le fonctionnement de la bibliothèque est assuré par une cotisation mensuelle imposée aux officiers de chaque grade, et dont la quotité est fixée annuellement par la Commission suivant les besoins prévus.

Art. 19. — Les fonds accordés annuellement par le Dépôt de la guerre sont exclusivement réservés aux dépenses de la bibliothèque.

Amiens, le 1er Décembre 1882.

BIBLIOTHÈQUE MILITAIRE

PRINCIPALE

DE LA GARNISON D'AMIENS.

A¹

Sciences et art militaires (Généralités, tactique, stratégie, constitution des armées, traités des armes spéciales, administration, législation, règlements).

A¹

5	**De Savoie.** — Règlement sur le service des armées en campagne. 1 vol., 1875.	
15	**Brialmont.** — Etude sur la fortification des capitales. 1 vol., 1873.	
20	**Bertrand.** — Traité de topographie et de reconnaissances militaires. 1 vol., 1875.	
21	**Végèce.** — Traité de l'art militaire. 1 vol., 1859. 2 ex.	
28	Instructions en cas de troubles. 1 vol., 1878.	
31	**Mar¹ Marmont.** — De l'esprit des institutions militaires. 1 vol., 1873.	
37	**Bernard.** — Art de la guerre déduit de l'étude technique des campagnes (1805). 1 vol., 1873.	

N. B. — Le nombre placé devant le nom d'auteur indique le numéro d'ordre de l'inventaire.

45 **Duhesme.** — Essai historique sur l'infanterie légère ou traité des petites opérations de la guerre. 1 vol., 1864.

56 **Jomini.** — Traité des grandes opérations militaires. 3 vol., 1851 (avec atlas).

58 **De Clausewitz.** — De la guerre. 6 vol., 1851.

59 **Mar^l Bugeaud.** — Aperçus sur quelques détails de la guerre. 1 vol., 1873.

76 **Ferron.** — Considérations sur le système défensif de Paris. 1 vol., 1872.

77 **Dupuy de Podio.** — Les pigeons messagers dans l'art militaire. 1 vol., 1872.

79 **Lahaussois.** — L'armée prussienne. 1 vol., 1872.

80 **Herbinger.** — Des tirailleurs, de leur instruction, de leur emploi. 1 vol., 1875.

81 **Baratier.** — Principes rationnels de la marche des impedimenta dans les grandes armées. 1 vol., 1872.

82 **Arnould.** — Etude sur la convention de Genève. 1 vol., 1873.

83 Instruction des chasseurs et des tireurs prussiens; service d'éclaireurs. 1 vol., 1870.

84 **Von Schmidt.** — Instruction relative à la cavalerie. 2 vol., 1877.

86 **Rau.** — Aperçu sur l'état militaire des puissances étrangères au printemps de 1877. 1 vol., 1877.

71 **Grillon.** — Lois militaires de la monarchie austro-hongroise. 1 vol., 1871.

87 Ecole de fortification de campagne (Ministère). 1 vol., 1877.

88 Ecole de sape (Ministère). 1 vol., 1878.

91 **Maurice.** — Petit manuel des levées à vue. 1 vol., 1877.

92 **Baucher.** — Méthode d'équitation. 1 vol., 1874.

95	**Schnéegans**. — L'artillerie dans la guerre de campagne. 1 vol., 1876.
96	Instruction pratique de la compagnie d'infanterie sur le service en campagne, par un officier supérieur. 1 vol., 1877.
100	**Bert**. — Cours de tir. 1 vol., 1876.
121	**D'Arnim**. — Devoirs du chef de bataillon en temps de guerre et en temps de paix. 1 vol., 1876.
124	**Mar^l de Puységur**. — L'art de la guerre. 2 vol., 1749.
138	**Rüstow**. — Etudes stratégiques et tactiques traduites par Savin de Larclause. 1 vol., 1875.
140	**Verdy du Vernois**. — Etudes sur l'art de couvrir les troupes. 7 vol., 1873.
145	**Verdy du Vernois**. — Essai de simplification du jeu de la guerre. 1 vol., 1878.
147	Manuel de droit international à l'usage des officiers de l'armée de terre (Ministère). 1 vol., 1878.
152	**Roth de Schreckenstein**. — Conférences sur le service de sûreté en marche. 1 vol., 1875.
157	**Bédarrides**. — Réorganisation de l'armée française. 1 vol., 1871.
161	**Rouby**. — Instruction élémentaire sur la topographie. 1 vol., 1878.
162	**Bédarrides**. — L'avenir des armées permanentes et l'art de la guerre. 1 vol., 1870.
168	**Gén^l Lewal**. — Etudes de guerre: tactique de marche, 1 vol., 1876.
169	L'académie de guerre de Berlin. 1 vol., 1877.
170	**Le Faure**. — Lois militaires de la France. 1 vol., 1876.

175	**Muller**. — Développement de l'artillerie de siège et de place prussienne. 1 vol., 1876.
179	**Gén¹ de Blois**. — De la fortification en présence de l'artillerie nouvelle. 2 vol., 1865.
182	**Gén¹ Brialmont**. — Défense des États et des camps retranchés. 1 vol., 1876.
208	**De Jarry de Bouffémon**. — Instructions élémentaires concernant les armées en campagne. 1 vol., 1872.
209	**Peiffer**. — Légende territoriale de la France pour servir à la lecture des cartes. 1 vol., 1877.
210	**Hoffbauer**. — Tactique de l'artillerie de campagne, traduit par le major Capette. 1 vol., 1877.
219	**Decker**. — La petite guerre selon l'esprit de la stratégie moderne. 1 vol., 1845.
220	**Gén¹ Favé**. — Cours d'art militaire professé à l'École polytechnique. 1 vol., 1877.
228	**Gén¹ Dufour**. — Cours de tactique. 1 vol., 1851.
236	**Stoumpf**. — Manuel des circonscriptions militaires de la France. 1 vol., 1878.
237	**Mollik**. — L'attaque d'une place forte, traduit par Bodenhorst 1 vol., 1876.
238	**Ratheau**. — Etudes sur la fortification polygonale. 1 vol. et atlas, 1862.
239	**Brunner**. — Guide pour l'enseignement de la fortification de campagne. 1 vol. et atlas, 1877.
240	**Brunner**. — Guide pour l'enseignement de la fortification permanente. 1 vol. et atlas, 1877.
241	**Villot**. — Instruction pratique sur le service des colonnes en Algérie. 1 vol., 1876.

245	**Gén¹ Roguet.** — L'officier d'infanterie en campagne. 1 vol., 1876.
246	Service des troupes en marche. 1 vol., 1876.
247	**Col¹ Campe.** — Instruction de la compagnie pour le combat moderne. 1 vol., 1877.
252	**Folard.** — Histoire de Polybe. 6 vol., 1727.
253	**Jomini.** — Principes de stratégie, (traduction du maréchal Jourdan). 1 vol., atlas, 1842.
254	**Ratheau.** — Traité de fortification passagère. 1 vol., 1876.
270	**Pierron.** — Les méthodes de guerre actuelles et vers la fin du xix° siècle. 2 vol., 1878.
276	**De Brack.** — Avant-postes de cavalerie légère. 1 vol., 1873.
282	**Niox.** — Les routes militaires des Grandes Alpes, ou la frontière austro-italienne. 1 vol., 1877.
289	**Gén¹ Roguet.** — Insurrections et guerre des barricades dans les grandes villes. 1 vol., 1875.
292	**Delaperrière.** — Cours de législation et d'administration militaires. 4 vol., 1879.
328	Aide-mémoire de l'officier d'état-major en campagne (Ministère). 1 vol., 1879.
337	**Gén¹ Berthaut.** — Des marches et des combats. 2 vol., 1877.
338	Travaux de campagne. Résumé des conférences faites à l'école du génie de Versailles. 1 vol., 1878.
339	**Duplessis.** — Traité du nivellement. 1 vol., 1877.
343	**Legrand.** — Traité des réquisitions militaires. 2 vol., 1879.
351	**Beaugé.** — Manuel de législation, d'administration et de comptabilité militaires à l'usage des officiers et sous-officiers de toutes armes. 1 vol., 1879.
404	**Thival.** — Rôle des localités à la guerre. 1 vol. et atlas, 1880.

405	**Desprels**. — Les leçons de la guerre. 1 vol., 1880.
406	**Ardant du Picq**. — Etudes sur le combat. 1 vol., 1880.
407	**Kuhn**. — La guerre de montagnes. 1 vol., 1880.
408	Travaux de campagne, (Ecole de Versailles). 1 vol., 1878.
409	**Costa de Serda**. — Carnet aide-mémoire de manœuvres et de campagne, de toutes armes. 1 vol., 1880.
428	**Gunsett**. — Exemples de formations tactiques de l'infanterie, de la cavalerie et de l'artillerie. 1 vol., 1880.
429	**Chevrey-Rameau**. — Obligations militaires des Français résidant à l'étranger. 1 vol., 1880.
430	**Odon**. — Tactique élémentaire de l'infanterie. 1 vol., 1880.
434	**Rau**. — Etat militaire des puissances étrangères au printemps de 1880. 1 vol., 1880.
447	**Guichard**. — Cours d'art militaire. 3 vol., 1880.
470	**Un officier d'état-major**. — Du service d'état-major. 1 vol., 1880.
474	**Plessis**. — Nouveau cours spécial d'artillerie. 1 vol., 1880.
475	**Solard**. — L'écolier soldat. 1 vol., 1880.
476	**De Tantaloup**. — Manuel du cavalier. 1 vol., 1877.
477	**Pasquier**. — Le cavalier en temps de paix et en temps de guerre. 1 vol., 1880.
478	**De Vittré**. — Cavalerie française et cavalerie allemande. 1 vol., 1880.
479	**Bonie**. — Etude sur le combat à pied de la cavalerie. 1 vol., 1877.
480	**Un officier de la 10ᵉ division**. — Petites études de guerre, 1 vol., 1878.
481	**Salières**. — La guerre. 1 vol., 1879.
482	**Salières**. — Le Patriotisme. 1 vol., 1881.
483	**Blondel**. — Coup d'œil sur les devoirs et l'esprit militaires. 1 vol., 1877.

488 **Génl Rogniat**. — Considérations sur l'art de la guerre. 1 vol., 1838.

489 **De Kaulbars**. — Rapport sur l'armée allemande. 1 vol., 1880.

561 **Majr X**. — Chemins de fer allemands et chemins de fer français. 1 vol., 1879.

582 **Leroy**. — Cours pratique de chemins de fer. 1 vol., 1881.

618 **Boutaric**. — Institutions militaires de la France avant les armées permanentes. 1 vol., 1863.

630 **Von Troltsch**. — Emplacement des troupes allemandes. 1 feuille, 1879.

664 **Bonie**. — Service d'exploration et de sûreté pour la cavalerie. 1 vol., 1879.

665 **Ortus**. — L'armement de l'infanterie française comparé aux armes de guerre étrangères. 1 vol., 1877.

667 **Ortus**. — Valeur comparée, pour le combat, du fusil actuel de l'infanterie européenne. 1 vol., 1880.

670 **Dossow**. — Instruction pour le fantassin allemand. 1 vol. 1881.

673 **Arroquia**. — La guerre et la géologie. 1 vol., 1876.

677 **Maës et Hannot**. — Traité de topographie. 1 vol. et atlas, 1874.

679 **Thival**. — Matériel de campagne des troupes du génie. 1 vol., 1879.

680 **Bourelly**. — Conférence sur les opérations de nuit en campagne. 1 vol., 1870.

682 **Raffin**. — Traité d'art militaire. (Tactique de Périzonius). 2 vol., 1881.

683 **Vexiau**. — Commentaires sur le code de justice militaire. 1 vol., 1882.

695 **Devaureix**. — De la guerre de partisans. 1 vol., 1881.

714	**Bestagno.** — Exercices tactiques de combat pour l'infanterie italienne. 1 vol., 1874.
715	**Durostu et Vollot.** — Règlement du 4 juillet 1872, pour l'instruction tactique des troupes de cavalerie italienne. 1 vol., 1873.
716	**Durostu et Joly.** — Règlement du 15 mai 1872, pour l'instruction tactique de l'infanterie italienne. 1 vol., 1873.
718	**Ténot.** — Paris et ses fortifications. 1 vol., avec carte, 1880.
726	**Napoléon.** — Maximes de guerre et pensées. 1 vol., 1874.
729	**Piron.** — Essai sur l'emploi du fer dans la fortification. 1 vol., 1862.
730	**Rüstow.** — La petite guerre. 1 vol., 1875.
731	**Brunner.** — Guide pour l'enseignement de la guerre de siège. 1 vol., 1878.
734	**Prince Charles.** — La grande guerre, (traduction CORRÉARD) 1 vol., 1850.
735	Aide-mémoire d'artillerie.
739	**Thival.** — Passage des cours d'eau. 1 vol., avec atlas, 1882.
744	**Guelle.** — La guerre continentale et les personnes. 1 vol., 1881
748	**Tenot.** — Les nouvelles défenses de la France. 1 vol., 1882.
749	Mémorial de l'officier du génie. 25 vol., 1821-1876.
750	**Rovel.** — Manuel des chemins de fer. 1 vol., 1882.
751	**Brialmont.** — La fortification du champ de bataille. 1 vol., e atlas, 1879.
752	**Cte d'Aure.** — Cours d'équitation. 1 vol., 1878.
753	**Vauban.** — Traité de l'attaque des places. 1 vol., et atlas, 1829
754	» Ttaité de la défense des places. 1 vol., et atlas, 1829
755	**Schott.** — Description du matériel d'artillerie prussien. 1 vol. 1869
783	**Maj^r X.** — L'Allemagne en face de la Russie. 1 vol., 1882.

A²

Histoire militaire (Biographies militaires, mémoires, encyclopédies militaires, annuaires, revues et journaux militaires. (¹)

A²

1	**Jomini.**	— Précis politique et militaire de la campagne de 1815. 1 vol., 1839.
2	**Gén¹ Suchet.**	— Mémoires sur ses campagnes en Espagne. 2 vol. et atlas, 1834.
3	**Du Casse.**	— Le général Vandamme et sa correspondance. 1 vol., 1870.
4	**Gén¹ de la Roche Aymon.**	— Mémoires sur l'art de la guerre. 5 vol. et atlas, 1857.
6	**Denfert-Rochereau.**	- Histoire de la défense de Belfort. 1 vol., 1874.
8	**Blüm.**	— Opérations des armées allemandes. 1 vol., 1872.
9	**Gén¹ de Wimpfen.**	— Sedan. 1 vol., 1875.
10	**Gœtze.**	— Opérations du corps du génie allemand. 2 vol., 1874.
11	**Wartensleben.**	— Opérations de la première armée. (trad. de Niox). 1 vol., 2 exemplaires, 1873.
12	**Andréossy.**	— Opérations des pontonniers français en Italie. 1 vol., 1843.
13	**Vauban.**	Oisivetés (de M. de). 3 vol.
14	**Crousse.**	— Les luttes de l'Autriche en 1866. 3 vol., 1868.
19	**Gén¹ Pourcet.**	-- Campagne sur la Loire. 1 vol., 1874.

(¹) La Bibliothèque reçoit, par abonnement, les revues et journaux militaires qui suivent : 1. Revue militaire de l'étranger ; 2. Bulletin de la réunion des officiers ; 3. Spectateur militaire ; 4. Journal des sciences militaires ; 5. Moniteur de l'armée ; 6. Armée française ; 7. Avenir militaire ; 8. Militär Wochenblatt.

23	**Schell.** — Les opérations de la première armée allemande sous les ordres du général von Gœben. 1 vol., 1874.
24	**Fervel.** — Etudes stratégiques sur le théâtre de la guerre. 1 vol., 1873.
27	**Fervel.** — Campagnes de la Révolution française dans les Pyrénées orientales. 2 vol., 1861.
30	**Vigo Roussillon.** — Puissance militaire des États-Unis d'Amérique, guerre de 1861-1865. 1 vol., 1866.
35	**Lecomte.** — Guerre de la Sécession. 3 vol., 1867.
36	**Gén¹ Martin des Pallières.** — Orléans. 1 vol., 1872.
38	**A^al La Roncière le Noury.** — La marine au siège de Paris. 1 vol., avec atlas, 1872.
39	**Gauldrée Boilleau.** — L'administration militaire dans l'antiquité. 1 vol., 2 exemplaires, 1871.
40	**Niox.** — Expédition du Mexique (1861-1867). 1 vol. avec cartes, 1874.
41	**Rüstow.** — Guerre des frontières du Rhin (1870-1871). 1 vol., 1873.
42	**Borbstaedt.** — Opérations des armées allemandes (1870-1871). 1 vol., avec atlas, 1872.
43	**Jacqmin.** — Les chemins de fer pendant la guerre (1870-1871). 1 vol., 1874.
46	**Chareton.** — Projet motivé de réorganisation de l'état militaire de la France. 1 vol., 1873.
53	**Thiers.** — Consulat et Empire. 21 vol. et atlas.
54	**Thiers.** — Révolution française. 10 vol. et atlas.
60	**Gén¹ Vinoy.** — Siège de Paris. 1 vol., 1872.
61	**Gén¹ Vinoy.** — L'armistice et la commune. 1 vol. et atlas, 1872.
62	**D'Aurelle de Paladines.** — La première armée de la Loire. 1 vol., 1872.
63	**Gén¹ Vinoy.** — L'armée française en 1873. 1 vol., 1873.
66	**Mar¹ de Moltke.** — Lettres sur la Russie. 1 vol., 1877.
68	**Meckel.** — Guide du jeu de la guerre. 1 vol., 1875.

69	**Etat major prussien**. — Campagne de 1859 en Italie. 1 vol., 1862.
70	**Hoffbauer**. — Les opérations des armées allemandes. 4 vol., 1875.
72	**Berge**. — Mémoire sur la permanence de l'armement de défense. 1 vol., 1872.
73	**Faidherbe**. — Campagne de l'armée du nord. 1 vol., 1872.
74	**Baker**. — L'Angleterre et la Russie dans l'Asie centrale. 1 vol., 1877.
75	**De Canitz**. — Histoire des exploits et des vicissitudes de la cavalerie prussienne. 1 vol., 1849.
78	**Wartensleben**. — Opérations de l'armée du Sud (1870-1871). 1 vol., 1873.
85	**E. Watbled**. — Souvenirs de l'armée d'Afrique. 1 vol., 1877.
90	**De Ruble**. — L'armée et l'administration allemande en Champagne. 1 vol., 1872.
102	**Cte de Ségur**. — Histoires et mémoires. 7 vol., 1877.
103	**Duc d'Aumale**. — Histoire des princes de Condé. 2 vol., 1863.
104	**De Valbezen**. — Les Anglais et l'Inde. 2 vol., 1875.
105	**Foucher**. — Les sièges héroïques. 1 vol., 1873.
106	**De Moltke**. — Lettres sur l'Orient. 1 vol., 1877.
107	**Bocher**. — Lettres de Crimée. 1 vol., 1877.
109	**Mar^l Gouvion St-Cyr**. — Mémoires pour servir à l'histoire militaire. 4 vol., 1851.
111	**Gén^l Susane**. — Histoire de la cavalerie française. 3 vol., 1874.
112	**Gén^l Susane**. — Histoire de l'artillerie française. 1 vol., 1874.
114	**Am^l Bouët-Villaumez**. — Batailles de terre et de mer. 1 vol., 1855.

115   **Mar¹ Soult.** — Mémoires. 3 vol. avec atlas, 1854.

117   **Mar¹ Gouvion St-Cyr.** — Journal des opérations de l'armée de Catalogne. 1 vol., avec atlas, 1865.

120   **Napoléon III.** — Commentaires de J. César. Guerres de J. César. 2 vol., 1872.

123   L'année militaire., 1877. 1 vol., 1878.

128   **Gén¹ Niel.** — Siège de Sébastopol, journal des opérations du génie. 1 vol., avec atlas, 1858.

129   **Thiébault.** — Journal des opérations militaires et administratives des siège et blocus de Gênes. 2 vol., 1847.

132   **Mar¹ de Berwick.** — Mémoires. 1 vol., 1872.

139   **Napoléon Iᵉʳ.** — Commentaires. 6 vol., 1847.

143   **Quinet.** — Histoire de la campagne de 1815. 1 vol., 1867.

144   **Gén¹ Ducrot.** — La journée de Sedan. 1 vol., 1877.

148   **C. Rousset.** — Guerre de Crimée. 2 vol. et atlas, 1878.

151   **Cousin de Montauban.** — Un ministre de la guerre de 24 jours. 1 vol., 1875.

156   **St René-Taillandier.** — Général de Ségur, sa vie et son temps. 1 vol., 1875.

163   **De Moltke.** — Campagnes des Russes dans la Turquie d'Europe. 2 vol. et atlas, 1874.

164   **J. Favre.** — Gouvernement de la Défense nationale (30 juin 1870 — 22 juillet 1871). 3 vol., 1876.

165   **Gén¹ Ducrot.** — La défense de Paris (1870-1871). 4 vol., 1877.

174   **Von Heydekampf.** — Opérations du 5ᵉ corps prussien. (1870-1871). 1 vol., 1873.

176   **Keller.** — Le général de La Moricière, sa vie militaire, politique et religieuse. 2 vol., 1874.

180   **De Mazade.** — La guerre de France (1870-1871). 2 vol., 1875.

181	**Bertrand**. — Campagnes d'Égypte et de Syrie. 2 vol. et atlas, 1847.
188	Correspondance militaire de Napoléon Iᵉʳ, publiée par ordre du Ministre de la guerre. 10 vol., 1876.
196	**De Fezensac.** — Souvenirs militaires (1804-1814). 1 vol., 1870.
201	**C. Rousset.** — La grande armée de 1813. 1 vol., 1875.
207	**Lemoyne.** — Campagnes de 1866 en Italie. 1 vol., 1875.
212	**Giguet.** — Histoire militaire de la France. 2 vol., 1849.
213	Histoire des campagnes de Napoléon Iᵉʳ (Ministère). 3 vol., 1845.
214	**Rothwiller.** — Histoire du 2ᵉ régiment de Cuirassiers. 1 vol., 1877.
222	**Frédéric le Grand.** — Œuvres historiques. 3 vol., 1872.
223	**Napoléon Iᵉʳ.** — Campagnes. 3 vol., 1872.
224	**Turenne.** — Mémoires. 1 vol., 1872.
231	**Gouvion St-Cyr.** — Mémoires sur les campagnes des armées du Rhin-et-Moselle. 4 vol. et atlas, 1829.
232	**Carnot.** — Mémoires. 4 vol., 1869.
233	La guerre franco-allemande (traduction de Costa de Serda). 20 livraisons.
234	**Daussy.** — La ligne de la Somme pendant la campagne de 1870-71. 1 vol. avec atlas, 1875.
250	**Génˡ Susane.** — Histoire de l'infanterie française. 5 vol., 1876. 2 exemplaires.
257	**Thiébault.** — Relation de l'expédition de Portugal. 1 vol., 1869.
258	**De Moltke.** — Histoire de la campagne de 1866. 1 vol., 1868.
271	**Rambaud.** — Français et Russes. Moscou et Sébastopol. 1 vol., 1877.
275	**Génˡ Todtleben.** — Défense de Sébastopol. Exposé de la guerre souterraine. 5 vol., 1870.

277	Travaux d'investissement des armées allemandes autour de Paris, 1870-71. 5 vol., avec atlas, 1872.
278	**Hubleneth.** — Service sanitaire des hôpitaux russes pendant la guerre de Crimée. 1 vol., 1870.
280	**Gén¹ Crouzat.** — Le 20ᵉ corps à l'armée de la Loire. 1 vol., 1873.
281	**De Gaugler.** — De l'assurance sur la vie dans l'armée. 1 vol., 1878.
283	Siège de Bomarsund en 1854 (Ministère). 1 vol., 1863.
288	**Un sous-officier de hussards.** — Les dragons. 1 vol., 1877.
290	**Frédéric-Charles.** — Mémoires militaires. 1 vol., 1870.
291	**Pelet.** — Principales opérations de la campagne de 1813. 1 vol., 1820.
295	**De Beaurain.** — Histoire des quatre dernières campagnes de Turenne. 1 vol. avec atlas, 1872.
302	Campagne de l'empereur Napoléon III en Italie. 1 vol., avec atlas, 1863.
336	**Trochu.** — L'armée française en 1879. 1 vol., 1879.
341	**G. Michel.** — Histoire de Vauban. 1 vol., 1879.
344	Revue d'artillerie. 9 vol., 1872-1877.
346	**Lieutᵗ Col¹ Charras.** — Histoire de la guerre de 1813 en Allemagne. 1 vol.
347	**Lieutᵗ Col¹ Charras.** — Histoire de la campagne de 1815. Waterloo. 2 vol. et atlas.
348	**Choppin.** — Histoire générale des Dragons. 1 vol., 1879.
349	**Gén¹ Roguet.** — Mémoires militaires. 4 vol., 1875.
350	**Hardy.** — Origines de la tactique française. 2 vol., 1879-1881.
352	**Un capitaine de cavalerie.** — Marche-manœuvre de cavalerie en Argonne. 1 vol., 1879.

354	**Cte de Ségur**. — Histoire de Napoléon et de la grande armée pendant l'année 1812. 1 vol., 1877.
355	Guerre des Anglais contre les Zulus, par un officier de l'armée anglaise, 1 vol., 1879.
356	**Le Marchand**. — Campagnes des Anglais en Afghanistan, 1878-1879. 1 vol., 1878-79.
357	**De Gonneville**. — Souvenirs militaires. 1 vol., 1876.
359	**Bonnal**. — Capitulations militaires de la Prusse. 1 vol., 1875.
362	**Gauldrée Boilleau**. — Administration militaire dans les temps modernes. 1 vol., 1879.
363	**Lacroix**. — Histoire anecdotique du drapeau français. 1 vol., 1879.
364	**Le Maitre**. — Histoire de la gendarmerie. 1 vol., 1879.
365	**Vexiau**. — Aide-mémoire des réservistes et des hommes de l'armée territoriale. 1 vol., 1877.
380	**Laurendeau**. — Les sièges de Soissons en 1814. 1 vol., 1872.
381	**Wolf**. — Campagne de 1870-71 (siège de Soissons). 1875.
384	**Piette**. — Le régiment de Vervins. 1 vol., 1876.
395	**Hennebert**. — Histoire d'Annibal. 2 vol., 1870-1878.
397	**Von Schell**. — Campagne de 1870-71. Les opérations de la 1re armée. 1 vol., 1874.
399	**De Sarrepont**. — Défense de Paris (1870-71). 1 vol., 1872.
401	Notice sur l'organisation de la défense de Paris. 1 vol., 1873.
403	**De Sarrepont**. — Bombardement de Paris par les Prussiens en janvier 1871. 1 vol., 1872.
411	**Corsi**. — De l'éducation morale du soldat. 1 vol., 1880.
412	**De Montigny**. — Du choix, de l'élevage et de l'entraînement des trotteurs. 1 vol., 1878.
413	**Le Marchand**. — Les réquisitions militaires. 1 vol., 1880.

431	**Vassiliou.**	— Opérations de l'armée roumaine pendant la guerre de l'indépendance. 1 vol., 1880.
433	**Poirot.**	— Devoirs moraux du soldat. 1 vol., 1880.
437	**Desprez.**	— Lazare Hoche. 1 vol., 1879.
439	**Weil.**	— Les forces militaires de la Russie. 2 vol., **1880**.
440	**Maj^r X.**	— Places fortes et chemins de fer stratégiques de la région de Paris. 1 vol., 1880.
441	**Savin de Larclause.**	— Etudes stratégiques et tactiques sur les guerres les plus récentes. 2 vol., 1880.
442	**Vitu.**	— Histoire civile de l'armée. 1 vol., 1868.
443	**Von Schell.**	— Etudes sur la tactique de l'artillerie de campagne. 1 vol., 1880.
445	**Dumaine.**	— Paris et ses fortifications. 1 vol., 1880.
446	**Hardy.**	— Les Français en Italie de 1494 à 1559. 1 vol., 1880.
458	**De Verneuil.**	— L'armée en France, de Charles VII à la Révolution. 1 vol., 1880.
471	**Gén^l Robert.**	— Discours. 1 vol., 1880.
472	**Gén^l Saget.**	— Le siège de Silistrie en 1854. 1 vol., 1876.
484	**Bonnal.**	— La guerre franco-allemande. 1 vol., 1878.
485	**Viollet le Duc.**	— Histoire d'une forteresse. 1 vol., 1874.
534	**Gén^l Chanzy.**	2e armée de la Loire. 1 vol., 1879.
535	**Un tacticien.**	— Guerre d'Orient (1877-1878). 6 vol., 1880.
536	**Gén^l Foy.**	— Histoire de la guerre de la Péninsule. 4 vol., 1827.
556	**De Saulcy.**	— Campagne de J. César en Gaule. 1 vol., 1865.
557	**Desjardins.**	— Alésia (7e campagne de J. César). 1 vol.
558	**Ernouf.**	— Le général Kléber. 1 vol., 1867.
559	**Becker.**	— Le général Desaix. 1 vol., 1852.
623	**Delattre.**	— Historique de la gendarmerie française. 1 vol., 1879.

625	**Gén¹ Pajol.**	— Vie du général Pajol. 3 vol. et atlas, 1874.
629	**L. Patry.**	—Campagne de France 1870-71. atlas avec texte, 1879.
638	**D'Aubigné.**	— Vie de Kléber. 1 vol., 1880.
653	**Ste Beuve.**	— Le général Jomini. 1 vol., 1880.
666	**De Bouillé.**	— Les drapeaux français. 1 vol., 1875.
669	**Vial.**	— Histoire abrégée des campagnes modernes. 2 vol., 1881.
672	**Un officier supérieur.**	— Metz, campagnes, négociations. 1 vol., 1872.
675	**Frossart.**	— Rapport sur les opérations du 2ᵉ corps de l'armée du Rhin. 1 vol., 1872.
676	**Yusuf.**	— De la guerre en Afrique. 1 vol., 1851.
681	**Prévost.**	— Les forteresses françaises en 1870-71. 1 vol., 1872.
687	**Rüstow.**	— L'art militaire au xixᵉ siècle. 2 vol., 1882.
688	**Berthier.**	— Relation de la bataille de Marengo. 1 vol., 1805.
696	**Marchal.**	— Abrégé des guerres du règne de Louis XIV. 1 vol., 1872.
698	**Bazaine.**	— L'armée du Rhin (12 août, 29 octobre 1870). 1 vol., 1873.
699	**Fix.**	— Conférence sur la guerre du Paraguay. 1 vol., 1870.
700	**Desprez.**	— Les guerres de la Vendée. 1 vol., 1856.
708	**Wartensleben.**	— Opérations de l'armée du Sud (1870-71). 1 vol., 1872.
719	**D'Orléans.**	— Campagnes de l'armée d'Afrique. 1 vol., 1870.
721	**Thiers.**	— Du rôle des places de l'Est dans la dernière invasion. 1 vol., 1873.
722	**De Freycinet.**	— La guerre de province pendant le siège de Paris. 1 vol., 1882.
723	**Viollet le Duc.**	—Mémoire sur la défense de Paris. 1 vol., 1871.

724	**Un officier d'état-major**. — Mémoire pour servir à l'histoire de la guerre entre la France et la Russie en 1812. 1 vol., **1815**.
727	**D'Ideville**. — Le maréchal Bugeaud. 3 vol., **1881-82**.
736	**Noellat**. — L'Algérie en 1882. 1 vol., **1882**.
756	**St Arnaud**. — Lettres. 2 vol., **1864**.
757	**Fieffé**. — Histoire des troupes étrangères au service de la France. 2 vol. **1854**.
758	**Mar^l de Saxe**. — Mes rêveries. 1 vol., **1877**.
759	**Belmas**. — Guerres de la Péninsule 1807-1814. 4 vol. et atlas, **1837**.
760	**Marmont**. — Mémoires, 1792-1841. 9 vol., **1857**.
761	**Gouvion St Cyr**. — Opérations de l'armée de Catalogne en 1808-1809. 1 vol., avec atlas, **1865**.
762	**Dussieux**. — Le siège de Belfort. 1 vol., **1882**.
763	**Prévost**. — Etudes historiques sur la fortification, l'attaque et la défense des places. 1 vol., **1869**.
764	**Decker**. — Batailles et principaux combats de la guerre de Sept-Ans. 1 vol.
765	**Stoffel**. — Rapports militaires écrits de Berlin. 1 vol., **1872**.
766	**Gourgaud**. — Campagne de 1815. 1 vol., **1818**.
767	**Carrion-Nisas**. — Campagne des Français en Allemagne, en 1800. 1 vol., **1829**.
775	**Annuaire** de l'infanterie pour 1881. 1 vol., **1881**.
776	» de l'armée française pour 1881. 1 vol., **1881**.
777	» de l'infanterie pour 1882. 1 vol., **1882**.
778	» de la cavalerie pour 1882. 1 vol., **1882**.
779	» de l'armée française pour 1882. 1 vol., **1882**.

A³

Marine. (¹)

A³

47	**Chevalier**. — La marine française et la marine allemande pendant la guerre (1870-71). 1 vol., 1873.
122	L'année maritime 1877. 1 vol., 1878.
166	**Gougeard**. — La marine de guerre, ses institutions militaires. 1 vol., 1877.
215	**Am¹ Jurien de la Gravière**. — Souvenirs d'un amiral. 2 vol., 1872.
284	**Du Casse**. — Etude sur la France maritime et coloniale. 1 vol., 1876.
415	**De Sarrepont**. — Les torpilles. 1 vol., 1880.
560	**Hamont**. — Dupleix. 1 vol., 1881.
599	**Am¹ Jurien de la Gravière**. — Guerres maritimes sous la République et l'Empire. 2 vol., 1881.
601	**Rivière**. — La marine française au Mexique. 1 vol., 1881.
603	**Sebert**. — Notice sur de nouveaux appareils balistiques. 1 vol. et atlas, 1881.
634	**Chevallier**. — La marine française pendant la guerre de l'indépendance américaine. 1 vol., 1877.
655	**Farret**. — Combats sur mer (1860-1880). 1 vol., 1881.
678	**Bourelly**. — Marine militaire de l'Allemagne. 1 vol., 1872.
732	**Guérin**. — Histoire maritime de la France. 6 vol., 1854.

(1) La Bibliothèque reçoit par abonnement la *Revue militaire et coloniale*.

B¹
Mathématiques pures.

B¹

146 **Dupuis.** — Tables de logarithmes à cinq décimales, d'après Lalande. 1 vol., 1878.

B^2
Mathématiques appliquées (astronomie, géodésie, topographie). ([1])

B^2

---

113   **F. Arago**. — Astronomie populaire. 4 vol.
255   **Salneuve**. — Cours de topographie et de géodésie. 1 vol., 1869.
538   **L. Figuier**. — L'année scientifique 1880. 1 vol., 1881.
728   »   »   1881. 1 vol., 1882.

(1) La Bibliothèque reçoit, par abonnement, la *Revue scientifique*.

B³

Sciences physiques, naturelles, médicales (physique, chimie et histoire naturelle, hygiène médicale ([1]), hygiène vétérinaire).

B³

167	**Depierris.** — Le tabac 1 vol., 1876.	
224	**Riche.** — Les merveilles de l'œil. 1 vol., 1876.	
286	**Du Moncel.** — Applications de l'électricité. 5 vol., 1872.	
287	**Arnould.** — Hygiène militaire. 1 vol., 1872.	
353	**M. Lévy.** — Traité d'hygiène publique et privée. 2 vol., 1879.	
367	**F. Esmarch.** — Chirurgie de guerre. 1 vol., 1879.	
368	**Briand.** — Manuel complet de médecine légale. 2 vol., 1880.	
369	**Didiot.** — Code des officiers de santé de l'armée de terre. 1 vol., 1863.	
370	**Laveran.** — Traité des maladies et épidémies des armées. 1 vol., 1875.	
371	**Morache.** — Traité d'hygiène militaire. 1 vol., 1874.	
372	**Legouest.** — Traité de chirurgie d'armée. 1 vol., 1872.	
373	**Boisseau.** — Des maladies simulées et des moyens de les reconnaître. 1 vol., 1870.	
374	**Léon Lefort.** — La chirurgie militaire et les Sociétés de secours en France et à l'étranger. 1 vol., 1872.	
375	**Colin.** — Traité des maladies épidémiques. 1 vol., 1879.	
376	**Littré et Robin.** — Dictionnaire de médecine et de chirurgie. 1 vol., 1877.	
454	**Rouvier.** — La tête humaine. 1 vol., 1877.	

[1] La Bibliothèque reçoit, par abonnement, la *Gazette hebdomaire de médecine et de chirurgie*.

460	**Vallon.** — Cours d'hippologie. 2 vol., 1880.
610	**Armengaud.** — L'éclairage électrique. 1 vol., 1880.
709	**Bertheraud.** — Le siège de Paris. 1 vol., 1871.
710	» Campagnes de Kabylie. 1 vol., 1862.
711	**Cerfberr.** — De la nécessité de constituer le corps des officiers de santé dans l'armée. 1 vol., 1848.
712	**Grellois.** — Histoire médicale du blocus de Metz. 1 vol., 1872.
713	**Bégin.** — Etude sur le service de santé militaire en France. 1 vol., 1849.

Sciences historiques.

7	**La Marmora.** — Un peu plus de lumière. 1 vol., 1874.
17	**Guizot.** — Essai sur l'histoire de France. 1 vol., 1878.
18	**De Vaulabelle.** — Histoire des deux restaurations. 8 vol.
22	**Duruy.** — Histoire des temps modernes. 1 vol., 1878.
26	» Histoire grecque. 1 vol., 1876.
32	**H. Martin.** — Histoire de France. 17 vol.
50	**Mignet.** — La Révolution française, 1789-1814. 2 vol., 1875.
55	**Dareste.** — Histoire de France depuis les origines jusqu'à nos jours. 8 vol., 1876.
57	**Jomini.** — Histoire critique et militaire des guerres de la Révolution. 15 vol., 4 atlas, 1820.
64	**Benedetti.** — Ma mission en Prusse. 1 vol., 1871.
89	**Frédéric II.** — 1 vol., 1869.
97	**C. Rousset.** — Correspondance de Louis XIV et du maréchal de Noailles. 2 vol., 1869.
99	**Macaulay.** — Essais historiques et biographiques (trad. par Guizot). 2 vol., 1876.
108	**Gén¹ Pelet.** — Mémoires sur les guerres de Napoléon en Europe (1796-1815). 2 vol., 1825-26.
110	**Nonce Rocca.** — La France en Orient. 1 vol., 1876.
116	**Macaulay.** — Essais sur l'histoire d'Angleterre (trad. par Guizot). 1 vol.
117	**A. Sorel.** — Histoire diplomatique de la guerre franco-allemande. 2 vol., 1874.
130	**Le Loyal-Serviteur.** — Histoire du chevalier Bayard. 1 v., 1872.

131	**Louis XIV.**	— 1 vol., 1869.
133	**Montluc.**	— Commentaires. 4 vol., 1872.
141	**De Cosnac.**	— Souvenirs du règne de Louis XIV. 8 vol., 1866-1881.
142	**Bœll.**	— Histoire de la Corse. 1 vol., 1878.
173	**Michelet.**	— Histoire de France. 17 vol., 1876.
178	**L. Blanc.**	— Histoire de Dix-Ans (1830-1840). 5 vol., 1877.
183	**Garnier-Pagès.**	— Histoire de la Révolution de 1848. 11 vol., 1861.
185	**De Vielcastel.**	— Histoire de la Restauration. 20 vol., 1860.
187	**Th. Lavallée.**	— Histoire des Français. 6 vol., 1876.
189	**Chéruel.**	— Mémoires complets et authentiques du duc de Saint-Simon sur le siècle de Louis XIV. 13 vol., 1878.
190	**Barrière.**	— Bibliothèque des mémoires relatifs à l'histoire de France, pendant le xviiie siècle. 1 vol., 1878.
191	**C. Rousset.**	— Le comte de Gisors, 1 vol., 1868.
192	**A. Thierry.**	— Conquête de l'Angleterre par les Normands. 4 vol., 1874.
193	**A. Thierry.**	— Lettres sur l'histoire de France. 1 vol., 1874.
194	»	Dix ans d'études historiques. 1 vol., 1874.
195	»	Récits des temps Mérovingiens. 2 vol., 1874.
197	**Plutarque.**	— Les vies des hommes illustres. 4 vol., 1872.
198	**Lamartine.**	— Histoire des Girondins. 6 vol., 1870.
200	**Guizot.**	— Histoire de la révolution d'Angleterre. 6 vol.
202	**Villehardouin.**	— Histoire de la conquête de Constantinople. 1 vol., 1863.
204	**Lanfrey.**	— Histoire de Napoléon Ier. 5 vol., 1876.
211	**Himly.**	— Histoire de la formation territoriale des Etats de l'Europe centrale. 2 vol., 1876.

225	**Xénophon**. — Expédition des Dix mille. 1 vol., 1872.
226	**Flavius Josèphe**. — Siège de Jérusalem. 1 vol., 1872.
227	**Salluste**. — Guerre de Jugurtha. 1 vol., 1872.
229	**Devaux**. — Les Kébaïles du Djerjdera en grande Kabylie. 1 vol., 1859.
230	**Régnier**. — Histoire de la guerre de Trente Ans. 1 vol., 1878.
248	**De Bonnechose**. — Montcalm et le Canada français. 1 vol., 1877.
269	**Guizot**. — L'Histoire de France depuis les temps les plus reculés jusqu'en 1789. 5 vol., 1877.
272	**Baltazar**. — Histoire de la guerre de Guyenne. 1 vol., 1876.
273	**Boissière**. — Esquisse d'une histoire de la conquête dans le nord de l'Afrique et de l'administration romaine. 5 vol., 1878.
274	**Jannet**. — Les États-Unis contemporains. 2 vol., 1877.
285	**E. Quinet**. — La révolution de 1789-1815. 2 vol., 1869.
329	**A. Richard**. — Mémoires sur la Ligue dans le Laonnais. 1 vol., 1860.
332	**Zeller**. — L'année historique. 1 vol., 1862.
333	**De Belleval**. — La grande guerre, fragments d'une histoire de France aux XIVe et XVe siècle. 1 vol., 1862.
334	**E. Regnault**. — Histoire politique et sociale des principautés Danubiennes. 1 vol., 1855.
335	Bulletin de la Société historique de Compiègne. 5 vol., 1869-82.
342	**Mariotti**. — Etude militaire, géographique, historique et politique sur l'Afghanistan. 1 vol., 1879.
378	**Pécheur**. — Histoire de la ville de Guise. 2 vol., 1851.
379	» Mémoires sur la cité des Suessions. 1 vol., 1877.
382	**Michaud**. — La paix de Crépy. 1 vol., 1877.

383	**Prioux.**—La France et l'Angleterre au moyen-âge. Bataille de Bouvines. 1 vol., 1855.
388	**Duveyrier.** — Les Touareg du nord. 1 vol., 1864.
389	**Am. Thierry.**—Récits de l'histoire romaine au v° siècle. 1 v., 1874.
390	**Am. Thierry.** — Derniers temps de l'empire d'Occident. 1 vol., 1874.
391	**Am. Thierry.**— S. Jean Chrysostôme et l'impératrice Eudoxie. 1 vol., 1874.
392	**Am. Thierry.** — Nestorius et Eutychès. 1 vol., 1874.
393	» S. Jérôme. 1 vol., 1874.
394	» Histoire d'Attila et de ses successeurs. 1 v., 1874.
410	**Maxime du Camp.** — Les Convulsions de Paris. 4 vol., 1879.
416	**Von Haymerlé.** — *Italicæ res* (trad. par BORNECQUE). 1 vol., 1880.
421	**Mme de Rémusat.** — Mémoires (1802-1808). 3 vol., 1880.
422	**Yung.** — Bonaparte et son temps. 3 vol., 1881.
427	**E. Fleury.** — Le département de l'Aisne en 1814. 1 vol., 1858.
432	**De Calonne.** — La vie municipale au xv° siècle dans le nord de la France. 1 vol., 1880.
448	**M^{ise} de Blocqueville.** — Le maréchal Davout. 4 vol., 1879-80.
449	**St René Taillandier.** — Maurice de Saxe. 1 vol., 1870.
451	**Rambaud.** — Les Français sur le Rhin. 1 vol., 1880.
452	» L'Allemagne sous Napoléon Ier (1804-11). 1 v., 1880.
453	**D'Haussonville.** — Histoire de la réunion de la Lorraine à la France. 4 vol., 1860.
455	**Bonnal.** — La diplomatie prussienne. 1 vol., 1880.
466	**De Magnenville.** — Le maréchal d'Humières. 1 vol., 1880.
487	**Brachet.** — L'Italie qu'on voit et l'Italie qu'on ne voit pas. 1 vol., 1881.
537	**Bourelly.** — Le maréchal de Fabert. 2 vol., 1880-81.
554	**P. Clément.** — Colbert et son administration. 2 vol., 1874.
565	**De Saint-Genis.** — Histoire de Savoie. 3 vol., 1868-69.

566	**De Barante.**	— Histoire du directoire de la République française. 3 vol., 1855.
569	**Salvandy.**	— Histoire du roi Sobieski et de la Pologne. 2 vol., 1876.
570	**Nolte.**	— Histoire des États-Unis d'Amérique. 2 vol., 1879.
572	**De Witt.**	— Histoire de Washington. 1 vol., 1878.
573	**Chantelauze.**	— Louis XIV et Marie Mancini. 1 vol., 1880.
574	**St René Taillandier.**	— Bohême et Hongrie. 1 vol., 1869.
575	**Préseau.**	— Les grandes figures nationales et les héros du peuple. 2 vol., 1870.
586	**De Parieu.**	— Histoire de Gustave-Adolphe, roi de Suède. 1 vol., 1875.
594	**Napoléon Ier.**	— Vie politique et militaire racontée par lui-même au tribunal de César, d'Alexandre et de Frédéric. 2 vol., 1841-42.
595	**C. Rousset.**	— Histoire de Louvois et de son administration. 4 vol., 1879.
596	**Turenne.**	— Lettres et mémoires. 2 vol., 1782.
604	**Fischer.**	— Considérations politiques sur l'état actuel de l'Allemagne. 1 vol., 1821.
606	**Metternich**	(Mémoires de M. de). 4 vol., 1880-81.
615	**C. Rousset.**	— Conquête de l'Algérie. 2 exempl., 1 vol., 1879.
621	**Franklin.**	— Journal du siège de Paris en 1590. 1 vol., 1876.
622	**Durieux.**	— Le siège de Cambrai, par Louis XIV. 1877.
624	**Zeller.**	— Richelieu et les ministres de Louis XIII, de 1621 à 1624. 1 vol., 1880.
626	**Charveriat.**	— Guerre de Trente-Ans. 2 vol., 1878.
627	**Chéruel.**	—Histoire de France pendant la minorité de Louis XIV. 4 vol., 1879-80.
628	**Thiers.**	—Discours parlementaires. 12 vol., 1879-1882.
637	**Guizot.**	— Histoire d'Angleterre. 2 vol., 1879.

641	**Lavisse**. — Etudes sur l'histoire de Prusse. 1 vol., 1879.
645	**Gœpp**. — Les grands hommes de la France. 3 vol., 1878-1881.
646	**Tacite**. — Œuvres complètes. 2 vol., 1875.
648	**Michelet**. — Précis d'histoire moderne. 1 vol., 1881.
650	**Dussieux**. — Le Canada sous la domination française. 1 vol., 1862.
652	**A. Thierry**. — Histoire du Tiers-État, 1 vol., 1874.
657	**P. Souvoroff**. Histoire de Russie. 1 vol., 1879.
674	**Ubicini**. — Etat présent de l'Empire ottoman. 1 vol., 1876.
686	**Stanhope**. — William Pitt et son temps. 4 vol., 1862-1863.
691	**Am. Thierry**. — Histoire de la Gaule. 2 vol., 1879.
692	» Histoire des Gaulois. 2 vol., 1881.
701	**St René Taillandier**. — La Serbie au xixe siècle. 1 vol., 1875.
706	**Pallain**. — Correspondance inédite de Louis XVIII et du prince de Talleyrand pendant le congrès de Vienne. 1 vol., 1881.
720	**De Broglie**. — Le secret du roi. 2 vol., 1879.
735	**Taine**. — Les origines de la France contemporaine. La Révolution. 2 vol., 1881.
740	**Pajol**. — Les guerres sous Louis XV. 1 vol., 1881.
768	**Siméon Luce**. — Bertrand Duguesclin. 1 vol., 1882.
769	**Stofflet**. — Stofflet et la Vendée. 1 vol., 1875.
770	**E. Daudet**. — Conspirations royalistes du midi. 1790-1793. 1 vol., 1881.
771	**De Lescure**. — Bibliothèque des mémoires relatifs à l'histoire de France pendant le xviiie siècle. 8 vol., 1875-81.
772	**Michelet**. — Histoire de la Révolution française. 9 vol., 1880.
773	**Forneron**. — Histoire de Philippe II. 4 vol., 1882.
781	**Foucart**. — Guerre de Pologne. 2 vol., 1882.

C²

Sciences géographiques, (géographie et voyages).

C²

29	**Niel**. — Géographie de l'Algérie. 2 vol., 1876-78.
49	**Malte-Brun**. — Géographie universelle. 6 vol., 1875.
98	**De Lorgues**. — Christophe Colomb. 2 vol., 1878.
125	**Cte de Beauvoir**.—Pékin, Yeddo. San Francisco. 1 vol., 1878.
126	» Australie. 1 vol., 1878.
127	» Java, Siam, Canton. 1 vol., 1878.
134	**E. Reclus**. — Nouvelle géographie universelle. 6 vol., 1876-81.
150	L'exploration (Journal des conquêtes de la civilisation sur tous les points du globe. 6 vol., 1876, 1877, 1879, 1880-81.
158	**De Montannel**. — Documents inédits relatifs au Dauphiné. (Topographie militaire). 1 vol., 1875.
159	**T. Lavallée**. — Géographie physique, historique et militaire. 1 vol., 1878.
171	**Sironi**. — Géographie stratégique. 1 vol., 1875.
186	**Joanne**. — Itinéraire général de la France. 1868-1877.
218	**Lemire**. — Cochinchine française et royaume de Cambodge. 1 vol., 1877.
293	**Rey-Lescure**. — Département du Tarn-et-Garonne. (Géologie et agronomie). 1 vol.
299	Positions géographiques et hauteurs absolues des principaux points de la carte de France. 31 livraisons.
361	**Kaltbrunner**. — Manuel du voyageur. 1 vol., 1879.
377	**Marga**.—Géographie militaire.(Généralités, France). Algérie et colonies. 2 vol. et atlas, 1879.

420	**Niel.** — Géographie politique de l'Algérie. 1 vol., 1878.
424	**Viollet le Duc.** — Le massif du Mont-Blanc. 1 vol., 1876.
456	**Niox.** — Géographie militaire, France et Europe. 4 v., 1878-81.
486	**Malte-Brun.** — La France illustrée.
542	**E. Reclus.** — La terre. 2 vol., 1877-1881.
543	**Gourdault.** — La Suisse. 2 vol., 1879-1880.
544	**Wiener.** — Pérou et Bolivie. 1 vol., 1880.
547	**E. Charton.** — Le tour du monde. 21 vol., 1860-1882.
550	**Roudaire.** — Extraits de ma mission dans les chotts tunisiens. 1 vol., 1881.
580	**Dumont.** — Le Balkan et l'Adriatique. 1 vol., 1874.
583	**St Marc Girardin.** — La Syrie en 1861. 1 vol., 1862.
584	**Lenormant.** — La grande Grèce. 2 vol., 1881.
593	**Livingstone.** — Explorations dans l'intérieur de l'Afrique australe. 1 vol., 1881.
602	**De Hübner.** — Promenade autour du monde. 2 vol., 1877.
607	**Choisy.** — Le Sahara. 1 vol., 1881.
608	**Marmier.** — Lettres sur l'Amérique. 2 vol., 1881.
611	**Rochas d'Aiglun.** — Les vallées vaudoises. 2 ex., 1 vol., 1881.
614	**Yriarte.** — Bosnie et Herzégovine. 1 vol., 1876.
616	**Cte de Vogué.** — Syrie, Palestine, Mont Athos. 1 vol., 1878.
617	**Ernouf.** — Caucase, Perse, Turquie d'Asie. 1 vol., 1880.
633	**Gaffarel.** — Les colonies françaises. 1 vol., 1880.
635	**A. Reclus.** — Panama et Darien. 1 vol., 1881.

36	**H. Belle.** — Voyage en Grèce. 1 vol., 1881.
44	**H. Gros.** — La conquête du Ton-Kin. 1 vol., 1880.
47	**X. Marmier**. — Lettres sur le Nord. 1 vol., 1857.
51	**De Bizemont.** — Les grandes entreprises géographiques. 2 vol., 1881.
62	**Marmier.** — Souvenirs d'un voyageur. 1 vol., 1867.
63	**Ferrari.** — La Chine et l'Europe. 1 vol., 1868.
97	**Hanoteau et Letourneur**. — Kabylie et les coutumes Kabyles. 3 vol., 1872-73.
80	**V. Derrécagaix.** — Exploration du Sahara. Les deux missions du lieutenant-colonel FLATTERS. 1 vol. avec carte, 1882.
82	**Niox.** — Géographie militaire. Le Levant, Asie-Mineure, Égypte, Tripolitaine, Tunisie. 1 vol., 1882.
84	**E. Bureau.** — Géographie de la région française. 1 vol., 1882.

D¹

Philosophie et politique (philosophie, politique, morale, religion.)

D¹

16	**Guizot.** — Histoire de la civilisation en France. 4 vol., 1879.
25	**Cᵗᵉ de Ségur.** — Mélanges. 1 vol., 1877.
48	**Louandre.** — Œuvres politiques de Machiavel. 1 vol., 1872.
94	**Macaulay.** — Essais politiques et philosophiques. (Trad. par Guizot). 1 vol., 1872.
184	**Benjamin Constant.** — Cours de politique constitutionnelle. 2 vol., 1872.
203	**Guizot.** — Histoire de la civilisation en Europe, depuis la chute de l'Empire romain jusqu'à la Révolution française. 1 vol., 1878.
242	**Bacon.** — 1 vol., 1870.
243	**Richelieu.** — 1 vol., 1869.
340	**Rothan.** — La politique française en 1866. 1 vol., 1879.
385	**Lépaulart** (Journal de). 1 vol., 1862.
438	**Zeller.** — Pie IX et Victor-Emmanuel. Histoire contemporaine de l'Italie. 1 vol., 1879.
489	Situation économique et commerciale de la France. (Annales du commerce extérieur). 3 vol., 1879-81.

D²
Économie politique, statistique.

D²

153	**L. de Lavergne.** — Les économistes français du xvii° siècle. 1 vol., 1870.
235	**Maret.** — L'épargne journalière pour garantir la vieillesse. 1 vol., 1877.
256	**Jacqmin.** — De l'exploitation des chemins de fer. 2 vol., 1868.
294	Notice sur les objets exposés par le dépôt des fortifications à l'exposition de 1878. (Instruments et cartes). 1 vol., 1878.
300	**Leclerc.** — Tableaux statistiques des pertes des armées allemandes 1870-71. 1 vol., 1873.
685	Rapport administratif sur l'exposition universelle de 1878 à Paris. (Ministère de l'agriculture et du commerce). 2 vol., 1881.
743	**Ch. Tomyar.** — L'État et les chemins de fer. 1 vol., 1882.

E¹
Littérature, Beaux-Arts et Revues littéraires. (¹)

E¹

33	**M. du Camp.** — Paris, ses organes, ses fonctions, sa vie. 6 vol., 1875-79.
44	**Demogeot.** — Histoire de la littérature française depuis son origine jusqu'à nos jours. 1 vol., 1878.
51	**Villemain.** — Cours de littérature française au moyen-âge. 2 exempl. 2 vol., 1878.
52	**Villemain.** — Cours de littérature française au XVIIIe siècle. 2 exemplaires. 4 vol., 1878.
93	**Macaulay.** — Essais littéraires. 1876.
101	**Voltaire** (Œuvres de). — 46 vol., 1869-1876.
118	**V. Hugo.** — Œuvres. 20 vol., 1875-81.
119	**Lamartine.** — Œuvres poétiques et religieuses. 2 vol., 1875-76.
136	**Alfred de Musset.** — Œuvres. 1 vol., 1875.
137	**Mme de Sévigné.** — Lettres choisies. 1 vol., 1876.
149	**Staaff.** — La littérature française. 6 vol., 1873-75.
154	**Bossuet.** — Oraisons funèbres. 1 vol., 1878.
155	» Discours sur l'histoire universelle. 1 vol.
160	**Boileau** (Œuvres de). 1 vol.
199	**Montesquieu.** — Œuvres complètes. 3 vol., 1873-74.
205	**Racine.** — Œuvres complètes. 3 vol., 1877-78.
206	**J.-J. Rousseau.** — Œuvres complètes. 13 vol., 1872-1877.
216	**Molière.** — Œuvres complètes. 3 vol., 1877.

(1) La Bibliothèque reçoit, par abonnement: 1. la REVUE DES DEUX-MONDES. 2. la REVUE POLITIQUE ET LITTÉRAIRE.

217	**Ch. Louandre**. — Essais de Montaigne. 4 vol., 1876.
244	**Breuillart**. — Lettres à un jeune engagé. 1 vol., 1873.
251	**Chateaubriand**. — Œuvres complètes. 12 vol.
279	**Un artilleur**. — Capoue en Crimée. 2 vol., 1869.
331	La Thiérache. Bulletins de la Société archéologique de Vervins. 5 vol., 1873-77.
358	**Lacroix**. — Etudes sur l'exposition de 1878. 9 vol. et atlas. 1879-80.
366	Rapport de la commission militaire sur l'Exposition universelle de 1878. 1 vol., 1879.
398	Mémoires de la Société académique des sciences, arts et belles-lettres, agriculture et industrie de Saint-Quentin. 3 vol., 1878-79-80.
400	**J. Verne**. — Œuvres complètes. 2 exempl. des Enfants du capitaine Grant. 1881.
425	**Hément**. — De l'instinct et de l'intelligence. 1 vol., 1880.
450	**Matrat**. — Les conseils du père Vincent. 1 vol., 1880.
459	**Renouard et Leroy**.—Les pensionnaires du Louvre.1v.,1880.
467	**Frary**. — Le péril national. 1 vol., 1881.
531	**Viollet le Duc**. — Histoire d'un dessinateur. 1 vol., 1880.
539	» Histoire d'une maison. 1 vol., 1880.
540	» Histoire d'un hôtel-de-ville et d'une cathédrale. 1 vol., 1880.
546	**Topfer**. — Nouvelles génevoises. 1 vol., 1879.
553	**Ernouf**. — Les Français en Prusse. 1 vol., 1879.
567	**Littré**. — Histoire de la langue française. 2 vol., 1878.
568	**Mézières**. — Récits de l'invasion en Alsace-Lorraine. 1 v., 1881.
576	**De Boisjolin**. — Les peuples de la France. 1 vol., 1878.
577	**Lubomirski**. — Scènes de la vie militaire en Russie. 1 v., 1873.
578	**Cousin**. — La Société française au xviie siècle. 2 vol., 1873.

579	**Dumont.** — L'administration et la propagande prussiennes en Alsace-Lorraine. 1 vol., 1871.
581	**De Molènes.**—Histoires sentimentales et militaires. 1 v., 1860.
585	**Ernouf.** — Souvenirs militaires d'un jeune abbé soldat de la République. 1 vol., 1881.
587	**Léger.** — Le monde slave. 1 vol., 1873.
591	**Shakespeare.** — Œuvres complètes. 17 vol., 1880.
592	**L. Larchey.** — Almanach des noms. 1 vol., 1881.
619	**Welschinger.** — Le théâtre de la Révolution. 1 vol., 1880.
642	**Lacombe.** — Armes et armures. 1 vol., 1877.
646	**Tacite.** — Œuvres complètes. 2 vol.
649	**Beulé.** — Le drame du Vésuve. 1 vol., 1872.
656	**Taphanel.** — Le théâtre de Saint-Cyr. 1 vol., 1876.
671	**Salières.** — Une poignée de héros. 1 vol., 1881.
689	**Pascal.** — Pensées. 1 vol., 1880.
690	» Lettres provinciales. 1 vol., 1880.
703	**C. Rousset.** — Les volontaires de 1791-94. 1 vol., 1882.
717	**Mérimée.** — Lettres à Panizzi. 2 vol., 1881.
725	**César.** — Commentaires. 3 vol., 1787.
733	**Ch. Blanc.** — Grammaire des arts du dessin. 1 vol., 1881.
738	**Villemain.** — La tribune moderne. 2 vol., 1858-1882.
741	**A. G. Thierry.** — Le capitaine sans façon. 1 vol., 1882.
774	**Deroulède.** — De l'éducation militaire. 1 vol., 1882.

E²

Dictionnaires et Encyclopédies.

E²

67	**Chéruel.** — Dictionnaire historique des institutions, mœurs et coutumes de la France. 2 vol., 1874.
135	**Belèze.** — Dictionnaire universel de la vie pratique à la ville et à la campagne. 1 vol., 1876.
172	Catalogue de la bibliothèque du Dépôt de la guerre. 2 vol., 1864.
249	**Hecquet.** — Dictionnaire étymologique des noms propres d'hommes. 1 vol., 1868.
259	**Spiers.** — Dictionnaire anglais-français. 2 vol., 1878.
260	**Thibaut.** — Dictionnaire allemand-français. 2 vol., 1878.
261	**Taboada.** — Dictionnaire espagnol-français. 2 vol.
262	**Bouillet.** — Dictionnaire universel des sciences, arts et lettres. 1 vol., 1877.
263	**Bouillet.** — Dictionnaire universel d'histoire et de géographie. 1 vol., 1878.
264	**Bachelet et Dézobry.** — Dictionnaire général des lettres et beaux-arts. 2 vol., 1876.
265	**Privat-Deschanel et Focillon.** — Dictionnaire général des sciences théoriques et appliquées. 2 vol., 1877.
266	**Cherbonneau.** — Dictionnaire arabe-français. 2 vol., 1876.
267	**Littré.** — Dictionnaire de la langue française. 4 vol., 1877.
268	**Bescherelle.** — Dictionnaire national. 2 vol., 1877.
387	**Tripier.** — Codes français annotés. 1 vol., 1880.

417 **Minssen**. — Dictionnaire des sciences militaires allemand-français. 1 vol., 1880.

418 **Peigné**. — Dictionnaire de la France et des possessions françaises. 1 vol., 1875.

419 **Lacroix**. — Dictionnaire industriel à l'usage de tout le **monde**. 2 vol., 1879.

469 **Saussine et Chevalet**. — Dictionnaire de législation et d'administration militaires. 29 livraisons.

545 **Sonnet**. — Dictionnaire des mathématiques appliquées. 1 vol., 1874.

590 **Parcic**. — Grammaire de la langue serbo-croate. 1 vol., 1877.

639 **Lalanne**. — Dictionnaire historique de la France. 1 vol., 1879.

F¹
Cartes topographiques.

F¹

303   La France. — $\frac{1}{80\,000}$ (cuivre), avec tableau d'assemblage. (266 feuilles).

304   Massif des Alpes. — $\frac{1}{80\,000}$ (31 feuilles).

305   Carte du théâtre des événements militaires en Alsace. — $\frac{1}{80\,000}$.

306   Europe centrale. — $\frac{1}{320\,000}$ (27 feuilles).

307   Principaux États de l'Europe. — (4 feuilles).

308   Frontières N.-E. de la France. — $\frac{1}{600\,000}$ (1 feuille), 1837, rev. en 1874.

309   Carte du nivellement général de la France. — $\frac{1}{800\,000}$.

310   France par régions de corps d'armée. — $\frac{1}{1\,600\,000}$.

311   Chemins de fer français en noir. — $\frac{1}{1\,600\,000}$.

312   »   français en couleur. — $\frac{1}{800\,000}$ (9 feuilles).

313   France par Corps d'armée et circonscriptions de bataillon de l'armée territoriale, 1875.

315   Campagne de l'armée de réserve en 1800 en Italie $\frac{1}{500\,000}$.

316   Massif du Mont-Blanc. — $\frac{1}{40\,000}$, 1876.

317   Département de la Seine. — $\frac{1}{40\,000}$ (9 feuilles), cuivre.

318   »   » $\frac{1}{20\,000}$ (36 feuilles).

319   Embouchure de la Seine. — $\frac{1}{80\,000}$.

320   Algérie. — $\frac{1}{1\,600\,000}$.

321   » $\frac{1}{800\,000}$.

322   Provinces d'Alger, Constantine et Oran. — $\frac{1}{400\,000}$.

323   Environs de Nemours. — $\frac{1}{20\,000}$.

324	**Sahara algérien.** — $\frac{1}{1\,000\,000}$ (2 feuilles), 1845.
325	**Le Mexique.** — $\frac{1}{3\,000\,000}$ (2 feuilles).
326	Itinéraires de l'**Indus à Caboul.** — $\frac{1}{500\,000}$ (3 feuilles).
327	**Afghanistan.** — $\frac{1}{350\,000}$ (2 feuilles).
435	Carte du **Liban.** — $\frac{1}{200\,000}$, 1862.
436	**France.** — $\frac{1}{800\,000}$.
461	Régence de **Tunis.** — $\frac{1}{400\,000}$, 1857.
462	Environs de **Bône.** — $\frac{1}{200\,000}$, 1854.
463	Extraits des cartes d'**Algérie et de Tunisie.** — $\frac{1}{400\,000}$.
464	Province de **Constantine.** — $\frac{1}{400\,000}$.
490	Carte de **Neumarket.** (Bruyère DE CHAPMAN).
491	Ville et citadelle d'**Arras.**
492	Ville de **Toulouse.**
493	Ville de **Gibraltar.**
495	Ville de **Florence.**
496	Carte orohydrographique de la **Bohême, Moravie et Silésie.** — $\frac{1}{500\,000}$.
497	**Kabylie occidentale.** — $\frac{1}{200\,000}$.
498	Etat de **Milan.**
499	Canton de **Lucerne.** — $\frac{1}{96\,500}$.
500	**Crimée.**
501	Province d'**Over-Yssel.**
502	**Côtes d'Europe** du cap Gata au cap Oropeza.
503	» Iles Iviza et Formentera.
504	**Côtes d'Espagne.** — Iles Baléares.

505	Vue des **Côtes maritimes d'Europe**.
506	Province de **Bretagne**.
508	Canal entre la **France** et l'**Angleterre**.
509	Côtes d'Espagne. — **Détroit de Gibraltar**.
510	Electorat de **Mayence**.
511	Carte des étapes d'**Italie**.
512	Principautés de **Gotha**, **Cobourg** et **Altembourg**.
514	Carte de **Hollande**.
515	**Suède et Norwège**.
516	Royaume de **Pologne**.
517	Les **Antilles**. — $\frac{1}{880\,000}$.
518	Ports des **Trépassés**, de **Placentia** et de **St Marys** à Terre-Neuve.
519	**Normandie**. — (2 feuilles).
520	Théâtre de la guerre entre les **Russes et les Turcs**.
522	Partie du Cercle d'**Autriche**.
523	Evêchés de **Münster et Osnabrück**.
524	Delineatio geographica prœfecturarum Wittebergensis et Grœfenhaynichen.
525	Duché de **Saxe**. — $\frac{1}{6\,000}$.
526	**Mayn inférieur**. — $\frac{1}{367\,000}$.
528	**Hesse inférieure**.
529	**Luxembourg**. — $\frac{1}{5\,158}$.
541	Carte de **France**, par Niox. — $\frac{1}{1\,600\,000}$, 1880.
609	Carte du **Haut Sénégal**, par le Ct Derrien. — $\frac{1}{1\,000\,000}$.
742	Carte géologique d'Amiens et Montdidier. — (2 feuilles).

798 Itinéraires de **Quetta Caboul**. — $\frac{1}{800\,000}$ (7 feuilles).

799 Etapes de **France** publiée par ordre du Ministre de la Guerre. — $\frac{1}{1\,200\,000}$, 1884.

800 **Rheingranz**, (Carte). — $\frac{1}{20\,000}$ (7 feuilles).

801 **Genève, Ypres**. — $\frac{1}{320\,000}$.

802 Reconnaissances militaires entre **Rhin et Moselle**.

804 Tableau d'assemblage du département de la **Seine**. — $\frac{1}{80\,000}$.

805 » de la carte de **France**. — $\frac{1}{1\,600\,000}$.

806 **Zuzuland**, pays des Zoulous. — $\frac{1}{925\,000}$ (3 feuilles).

807 **Tour de Gamart**. — $\frac{1}{80\,000}$.

808 **Bardonnêche**. — $\frac{1}{80\,000}$.

809 **Le Bourg d'Oisans**. — $\frac{1}{80\,000}$.

810 **Bonneval**. — $\frac{1}{80\,000}$.

811 **Moutiers**. — $\frac{1}{80\,000}$.

812 **Bozel**. — $\frac{1}{80\,000}$.

813 **Antibes**. — $\frac{1}{80\,000}$.

814 **Chamousset**. — $\frac{1}{80\,000}$.

815 **Saint-Jean de Maurienne**. — $\frac{1}{80\,000}$.

816 **Briançon**. — $\frac{1}{80\,000}$.

817 **Saint-Etienne**. — $\frac{1}{80\,000}$.

818 **Petit Saint-Bernard**. — $\frac{1}{80\,000}$.

819 **Mont Viso**. — $\frac{1}{80\,000}$.

820 **Suse**. — $\frac{1}{80\,000}$.

821 **Albertville**. — $\frac{1}{80\,000}$.

822 **Allevard**. — $\frac{1}{80\,000}$.

823 **Saint-Firmin.** — $\frac{1}{80\,000}$.

824 **Beaufort.** — $\frac{1}{80\,000}$.

825 **Puget-Théniers.** — $\frac{1}{80\,000}$.

826 **Fréjus.** — $\frac{1}{80\,000}$.

827 **Modane.** — $\frac{1}{80\,000}$.

828 **Grasse.** — $\frac{1}{80\,000}$.

829 **Saint-Sauveur.** — $\frac{1}{80\,000}$.

830 **Tignes.** — $\frac{1}{80\,000}$.

831 **Saint-Martin Lantosque.** — $\frac{1}{80\,000}$.

832 **Sospel.** — $\frac{1}{800\,000}$.

833 **Queyras.** — $\frac{1}{80\,000}$.

834 **Fenestrelle.** — $\frac{1}{80\,000}$.

835 **Valence.** — $\frac{1}{320\,000}$.

836 **Marseille.** — $\frac{1}{320\,000}$.

837 **Avignon.** — $\frac{1}{320\,000}$.

838 **Draguignan.** — $\frac{1}{320\,000}$.

839 Environs de **Laon.** — $\frac{1}{20\,000}$.

840 Reddition de **Landrecies.** 16 juillet 1794. (Aquarelles militaires du département de la guerre, n° 2).

841 Vue de **Castelletto** et de **Sesto-Calende** au moment où l'Empereur, après avoir fait relever les bateaux coulés bas par les Autrichiens, passe la Sésia et prend ces villages. — 1ᵉʳ juin 1800. (Aquarelles militaires du département de la guerre, n° 3).

842 Prise de **Kœnisberg.** 15 juin 1807. (Aquarelles militaires du département de la guerre, n° 4).

F²
Cartes générales.

F²

513 **Hémiphère austral.**

Atlas géographiques et cosmographiques.

F^d

297	**Stielers.**	— Hand atlas.
298	**Bureau et Hue.**	— Atlas de géographie militaire.
304	**Jomini.**	— Atlas pour les dernières guerres de Napoléon-Ier.
468	**Vivien de Saint-Martin.**	— Atlas universel de géographie.

TABLE

		Pages.
A¹	SCIENCES ET ART MILITAIRES (généralités, tactique, stratégie, constitution des armées, traités des armes spéciales, administration, législation réglements)	5
A²	HISTOIRE MILITAIRE (biographies militaires, mémoires, encyclopédies militaires, annuaires, revues et journaux militaires).	17
A³	MARINE	31
B¹	MATHÉMATIQUES PURES.	33
B²	MATHÉMATIQUES APPLIQUÉES (astronomie, géodésie, topographie).	35
B³	SCIENCES PHYSIQUES, NATURELLES, MÉDICALES (physique, chimie, histoire naturelle, hygiène médicale, hygiène vétérinaire)	37
C¹	SCIENCES HISTORIQUES	41
C²	SCIENCES GÉOGRAPHIQUES (Géographie et voyages)	51
D¹	PHILOSOPHIE ET POLITIQUE (philosophie, morale, religion).	57
D²	ÉCONOMIE POLITIQUE, STATISTIQUE.	59
E¹	LITTÉRATURE, BEAUX-ARTS, REVUES LITTÉRAIRES.	61
E²	DICTIONNAIRES ET ENCYCLOPÉDIES.	67
F¹	CARTES TOPOGRAPHIQUES	74
F²	CARTES GÉNÉRALES	79
F³	ATLAS GÉOGRAPHIQUES ET COSMOGRAPHIQUES.	84

Amiens. — Typographie Delattre-Lenoel, rue de la République, 32.

Amiens. — Typographie Delattre-Lenoel, rue de la République, 32.

www.ingramcontent.com/pod-product-compliance
Lightning Source LLC
LaVergne TN
LVHW052109090426
835512LV00035B/1332